32,184

CONCLUSIONS

POUR

M. VAYSON, ancien négociant à Pont-Remy,

CONTRE

M. Alcide LEROY, meunier au même lieu,

A ce qu'il plaise au Tribunal :

Attendu que les parties sont respectivement propriétaires à Pont-Remy d'usines importantes établies sur une dérivation de la Somme et situées sur un barrage commun ;

Que M. Leroy ayant imaginé de placer une seconde roue à la place de sa vanne de décharge, et de substituer à cette vanne un syphon en charpente dont l'ouverture prenait les eaux en amont de sa ventellerie pour les conduire en aval de ses couleries, M. Vayson s'inquiéta avec raison de ce nouvel état de choses ;

Que, dans une instance qu'il porta alors devant le tribunal, il signala d'abord un préjudice réel résultant pour lui de ce que la nouvelle roue de M. Leroy, par les éclaboussures qu'elle lançait contre son mur de clôture, le détruisait et amenait sa ruine ; qu'il se plaignit surtout de ce que le système de ventellerie adopté par M. Leroy n'était tolérable qu'à la condition d'être conservé dans un état d'entretien parfait ;

Qu'il intervint donc, à la date du 18 juin 1842, sur ces plaintes de M. Vayson, reconnues alors fondées, une transaction par laquelle les parties réglèrent leur position pour l'avenir en ces termes :

« Le syphon établi par M. Leroy, pour remplacer sa vanne de dé-

» charge, ainsi que la vanne de décharge de M. Vayson, *demeureront*
» *tels qu'ils se trouvent aujourd'hui;* ils pourront ÊTRE VISITÉS DEUX
» FOIS PAR AN, POUR S'ASSURER DE LEUR ÉTAT, sans préjudice *du droit réservé*
» *aux deux parties de se plaindre toutes les fois qu'il y aurait* PERTE
» DE L'EAU;
» M. Leroy mettra sur le beffroi de son usine un placard en bois,
» qu'il pourra agrafer au mur de M. Vayson, afin de préserver, autant
» que possible, ce mur des éclaboussures des roues de M. Leroy. Ce
» placard sera posé et entretenu aux frais de M. Leroy. »

Attendu que M. Leroy a si bien fait, qu'il a complètement éludé l'exécution de cette transaction; que, pas une seule fois, il n'a consenti à laisser visiter le syphon; qu'après avoir évité, par des moyens peu dignes, l'exécution de cette obligation, il a fini, dans une déclaration signée, par en refuser nettement l'exécution;

Que, pendant un délai de près de dix années, malgré les vives et insistantes réclamations de M. Vayson, il ne s'est pas mis davantage en mesure d'établir le placard en bois qui devait protéger le mur de celui-ci; que, sous prétexte de vouloir faire, à cet égard, pour le mieux des intérêts et la plus grande convenance de son voisin, il ne faisait rien du tout, et laissait se continuer le préjudice dont il s'était engagé à le préserver;

Qu'enfin, à la date du 11 juillet 1850, M. Vayson s'était décidé à réclamer, par une sommation, l'apposition du placard en bois formellement promis par la transaction de 1842; que plus d'une année s'écoula encore sans que M. Leroy lui donnât satisfaction, mais que, lorsqu'il vit que les choses ne pouvaient ainsi durer plus longtemps, parce que les dégradations du mur de M. Vayson étaient telles, que ce mur allait s'écrouler, ce fut, chose étrange, lui-même qui prit les devants pour saisir la justice du réglement de cette question qui devait infailliblement lui être déférée;

Qu'en effet, tout à coup, prenant en quelque sorte à profit la sommation du 11 juillet 1850, qui avait plus d'un an de date, il fit citer, par exploit du 4 août 1851, M. Vayson à comparaître devant M. le Président, en état de référé, pour le voir autoriser, par provision, à mettre ouvriers à ses frais, pour exécuter au mur de M. Vayson les réparations dont lui Leroy était tenu;

Que M. Vimeux, architecte à Abbeville, commis par cette ordonnance, fit reconstruire le mur dans des conditions sur lesquelles on aura à s'expliquer plus tard;

Attendu que cette opération ayant été l'occasion de vérifications sur les limites des propriétés des parties, limites déterminées contradictoirement, en vertu de décisions judiciaires antérieures, il avait été observé, conformément aux plaintes depuis longtemps exprimées par M. Vayson, que la ligne divisoire avait été en plusieurs endroits outrepassée par M. Leroy ;

Que, cette fois encore, M. Leroy crut devoir intenter une action afin de rétablissement des limites, et de destruction des constructions élevées par infraction à l'état des limites contradictoirement constaté ; que cette action fut formulée dans une citation en conciliation, en date du 6 mars 1852 ;

Que si on veut juger de suite du mérite de cette demande de M. Leroy, qui devait être retournée immédiatement contre lui, il suffira sans doute de rappeler ce qui était constaté au rapport de l'expert Vimeux, à savoir que M. Leroy avait commencé par déclarer qu'il était inutile de s'occuper de la recherche de la ligne divisoire, et que, d'ailleurs, la ligne divisoire se trouvait déterminée par les pieux existant, et dont il reconnaissait l'exactitude ;

Qu'on ne peut donc s'expliquer la demande afin de reconnaissance des limites, formée par lui à quelques jours des incidents de l'expertise, et la contradiction si flagrante dans laquelle il se mettait avec lui-même ;

Attendu que, dès le moment où il avait reconnu que M. Vayson était enfin bien décidé à demander l'exécution de la transaction de 1842, et la répression des nombreuses atteintes portées à ses droits, au préjudice de l'établissement considérable qu'il exploite à Pont-Remy, M. Leroy ne s'était plus borné à méconnaître ses obligations ;

Que, dans une pensée odieuse, digne des sévérités de la justice, il manœuvrait son usine de telle façon, que, quatre ou cinq fois au moins par jour, il baissait subitement les vannes ouvrières, sans lever en même temps la vanne de syphon qui devait faire fonction de vanne de décharge, ou bien, en même temps, il ouvrait entièrement toutes ses vannes ;

Que les résultats immédiats de ces manœuvres incroyables étaient de faire marcher à tout rompre les machines de l'usine de M. Vayson, ou de les faire arrêter presque subitement ;

Qu'aujourd'hui M. Leroy n'en est plus à méconnaître l'exactitude de ces faits ; qu'il soutient seulement qu'ils sont de sa part l'exercice légitime d'un droit ;

Attendu enfin, que contrairement à la transaction de 1842, comme à l'obligation imposée à tout usinier de conserver les appareils de sa ventellerie en bon état d'entretien, M. Leroy a laissé constamment son vannage dans un tel état, que, non seulement les eaux nécessaires à l'alimentation de la force motrice des deux usines sont en très grande partie perdues sans profit pour personne, mais qu'elles passent en aval de la retenue, pour noyer la roue de M. Vayson et l'empêchent de fonctionner ;

Qu'il va sans dire que M. Leroy refuse obstinément de laisser M. Vayson faire procéder à la visite que chaque partie avait le droit de réclamer deux fois par an, aux termes de la transaction de 1842 ;

Attendu que M. Leroy, qui n'avait tenu aucun compte des plaintes de M. Vayson sur la mauvaise tenue de son vannage, s'émut enfin des constatations que celui-ci faisait faire par procès-verbaux d'huissier et du maire de la commune, et se décida à faire un simulacre de réparation aux vannes et au barrage de son usine, après quoi il s'avisa de faire signifier à M. Vayson, à la date du 3 mai 1852, la déclaration extra-judiciaire : « Qu'ayant appris que M. Vayson se proposait de lui faire
» un procès, sous le prétexte qu'il existerait des pertes d'eau, soit au
» barrage, soit aux couleries de son usine, il s'était empressé, pour
» lui éviter ce désagrément toujours pénible lorsqu'il s'agit d'attaquer un
» voisin, de faire disparaître les pertes qui pourraient exister, et que,
» dès la veille, *le bon état des couleries et du barrage avait été constaté*
» *par l'autorité compétente.* »

Mais que M. Vayson qui, malgré l'assurance des assertions de M. Leroy, ne savait que trop bien à quoi s'en tenir sur la sollicitude si attentive de M. Leroy et ses procédés de bon voisinage, l'assigna, ce même jour 3 mai, à comparaître en référé devant M. le président du Tribunal, à l'effet de faire constater l'état du syphon et des vannes, du barrage et des couleries dont l'excellent *état avait été constaté la veille par l'autorité compétente;*

Mais que, malgré les assertions si formelles de cet exploit fait sous l'inspiration généreuse des sentiments de bon voisinage, M. Leroy tout à coup recula devant la justification demandée à la justice, déclara consentir à la visite du syphon et de sa vanne, dont il espérait empêcher la visite par des considérations qui n'ont que trop bien produit leur effet; et s'opposer formellement à ce que l'opération portât sur *les autres vannes et les couleries de son moulin;*

Que l'ordonnance de référé prescrivit la visite dans les termes les plus étendus; que le rapport, déposé le 28 mai 1852, malgré l'incroyable réserve de l'expert qui déclara ne pas se trouver suffisamment autorisé à prendre les dispositions nécessaires à l'accomplissement de la mission qui lui était confiée, constata, à la confusion de M. Leroy, un état de choses intolérable, et auquel il était urgent d'apporter un remède;

Attendu que, sur les instances respectivement introduites par suite de cet état de choses, le Tribunal s'est trouvé saisi de nombreux chefs de contestations portant sur les points suivants :

1° Mauvais état du barrage de M. Leroy, occasionnant des pertes d'eau préjudiciables à M. Vayson ;

2° Délimitation respective des parties ;

3° Efficacité de la convention insérée dans la transaction de 1842, conférant réciproquement à chacune des parties le droit d'exiger deux fois par an la visite des syphon et vanne de décharge ;

4° Obligation par M. Leroy de préserver les bâtiments et les constructions de M. Vayson de l'effet destructif des eaux lancées par les roues de son usine et déversées par ses couleries ;

5° Manœuvre dommageable de l'usine de M. Leroy ;

6° Dommages et intérêts réclamés par M. Leroy ;

Attendu que, pour élucider ces nombreuses questions, dont plusieurs sont d'une importance considérable pour l'existence de l'usine de M. Vayson, le Tribunal a, par jugement, en date du 16 août 1852, commis des experts à l'effet de vérifier les assertions contraires des parties ;

Que, pendant plus d'une année, leur rapport s'est fait attendre, et qu'il n'a fallu rien moins qu'une décision de justice pour les contraindre à en opérer le dépôt, quoique, depuis plusieurs mois, ils n'eussent plus reparu sur les lieux objets du litige ;

Qu'il n'appartient pas à M. Vayson de décider du mérite de ce rapport, si étrange que M. Leroy lui-même n'a pas osé, sur certains points, reproduire les explications données en sa faveur ; qu'on se bornera, quant à présent, à dire que, malgré une tendance marquée à justifier les faits imputés à M. Leroy, les experts se sont néanmoins livrés à quelques constatations matérielles dont ils se sont abstenus toutefois de déduire les conséquences inévitables ; qu'ils ont commis de nombreuses erreurs qu'ils auraient évitées, s'ils avaient daigné tenir compte des observations de M. Vayson ; qu'après avoir commis des dégâts considérables, par les manœuvres dirigées par eux dans l'usine de M. Vayson, sur des métiers beaucoup trop compliqués pour leur science, ils ont proclamé eux-mêmes leur inexpérience, et leur incapacité d'émettre un avis ; qu'enfin ce qui ressort le plus clairement, quant à présent, de ce rapport, c'est que, quoiqu'il ne remplisse guères le but que s'étaient proposé les parties, en le sollicitant, et le Tribunal en l'ordonnant, il coûtera quelque chose comme une somme de 1,200 fr., si ce n'est plus, grace aux vacations que les experts ont employées, et qui ont été si bien remplies, qu'ils ont cru prudent d'offrir, sur quelques-unes d'elles, la justification de l'emploi de leur temps ; précaution inusitée sans doute, et qu'ils ont pensé cependant nécessaire ;

Que l'exposant s'expliquera plus spécialement sur les avis et constatations des experts, en traitant les chefs de conclusions auxquels ils se rattachent particulièrement ;

Attendu qu'à la date du 24 décembre dernier, M. Leroy a fait signifier des conclusions tendantes à ce qu'il plût au Tribunal : déclarer M. Vayson non recevable ou mal fondé dans ses demandes et conclusions; ordonner que la ligne séparative serait rétablie, en prenant pour base le milieu du becquet tel qu'il existe, et condamner M. Vayson à enlever toutes les constructions qui dépassent cette ligne. Subsidiairement, et dans tous les cas, ordonner que la ligne séparative sera rétablie aux dépens de M. Vayson seul.

Donner acte à M. Leroy de ce qu'il déclare avoir enlevé le placard, et l'avoir remplacé par une couverture qui n'est pas adhérente au mur de M. Vayson. Condamner M. Vayson en 4,000 fr. de dommages et intérêts et aux dépens.

ARTICLE Ier.

1er chef de demande présentant à juger le point de savoir si M. Vayson était fondé à se plaindre du mauvais état du barrage et du syphon établi en remplacement de la vanne de décharge, et à demander leur remise en état, comme le rétablissement du syphon, dans les conditions de dimension et de forme où il devait être au moment de la transaction de 1842.

Attendu que la discussion de cette question doit être envisagée au double point de vue de la matérialité du fait imputé à M. Leroy, et de ses conséquences préjudiciables pour M. Vayson.

1° SUR LA MATÉRIALITÉ DU FAIT.

Attendu, que par procès-verbal d'huissier, du 29 avril 1852, il a été constaté que : « La séparation en planches du sieur Leroy, en amont, à partir
» du becquet était *en très mauvais état;* que les planches et les poteaux
» étaient en partie pourris, vermoulus et disjoints; que l'ouverture, entre la
» séparation de M. Vayson d'avec celle de M. Leroy, était en amont de 28
» centimètres et près du becquet de 58 centimètres; que la profondeur de l'eau
» entre ces deux séparations était de 1 mètre 25 centimètres; qu'il existait,
» entre le becquet et la séparation de M. Leroy, une ouverture dans toute la
» profondeur de l'eau, portant à sa surface 8 centimètres, de manière que
» l'eau formait, entre ces deux séparations, un courant assez rapide et augmentait d'autant le courant de M. Leroy; »

Qu'il a été également constaté, ledit jour, « qu'en avant de la première
» roue du moulin de M. Leroy, il existait une perte d'eau assez forte, provenant du mauvais état du conduit des eaux de M. Leroy; qu'en avant de la
» seconde roue l'eau s'échappait à travers les planches contenant et conduisant à cette seconde roue, dans un nombre considérable d'endroits; que,

» dans un endroit notamment, l'eau s'échappait avec tant d'abondance et de
» continuité, qu'elle passait, en partie, en travers un second rang de planches
» servant à la conduite de la première roue ; »

Que, le 1er mai 1852, M. le maire de Pont-Remy constatait : « Qu'à l'amont
» de la vanne motrice de gauche de M. Leroy, c'est à dire au becquet, les
» parties en planche séparant les deux coursiers principaux, étaient démolies
» sur une longueur d'environ 30 centimètres, et donnait passage à un grand
» volume d'eau ; qu'au beffroi en planches, séparant la coulerie de la roue
» gauche avec le coursier de la roue droite de M. Leroy, lesdites planches
» étaient disjointes et donnaient aussi passage à une certaine quantité d'eau
» aussi préjudiciable ; qu'enfin, M. Leroy *s'étant refusé à baisser les vannes*
» *motrices*, il avait été impossible de constater si ces vannes perdaient de
» l'eau, ainsi que celle du syphon. »

Attendu, à la vérité, qu'ainsi que cela a déjà été expliqué, deux jours après
cette constatation si nette, M. Leroy, par sa déclaration extra-judiciaire du
3 mai, affirmait qu'il s'était *empressé de faire disparaître les fuites qui pouvaient exister, et que, dès la veille, le bon état des couleries et du barrage avait été constaté par l'autorité compétente ;* mais que le Tribunal n'oubliera pas
que, au même moment, devant M. le président du Tribunal, M. Leroy, pour
se soustraire à la confusion qui devait résulter pour lui de ses affirmations
mensongères, s'opposait avec énergie à la vérification de l'état des vannes
motrices et des couleries de son moulin ;

Que, le 17 du même mois de mai 1852, malgré les réparations sinon utiles
au moins apparentes, continuées de nuit et de jour par M. Leroy, l'expert
Donop trouvait les choses dans un tel état, qu'il s'exprimait ainsi dans son
rapport déposé au greffe du Tribunal, le 28 mai : « Quant au fait allégué
» par M. Vayson, il est incontestable que des *pertes et des fuites d'eau assez*
» *considérables* existent au barrage des vannes motrices, à ces vannes elles-
» mêmes et aux couleries des deux roues du moulin de M. Leroy ;

» Il est vrai aussi que des réparations d'entretien, très apparentes
» encore, ont été exécutées tout récemment aux parois et à la clôture de
» la prise d'eau, au barrage, aux vannes motrices et aux côtés et fonds des
» couleries des deux roues. Les bois employés à ces réparations ont,
» pour la plupart, été goudronnés, quelques-uns placés provisoirement ne
» l'ont pas été.

» Enfin, il est évident que ces réparations sont incomplètes, et que
» *l'urgence* d'une mise en état de bon entretien de tous ces ouvrages ne peut
» être contestée. »

Quant au syphon (l'expert déclare n'en avoir pas fait la visite, parce que,
pour cette opération, il aurait dû opérer des barrages qu'il ne s'est pas
cru suffisamment autorisé à faire aux termes de sa mission), mais il constate
que : « de petits tournoiements en forme d'entonnoirs, paraissent indiquer

» que des fuites ont lieu à travers la vanne du syphon et à sa jonction ou
» contact avec les poteaux montants contre lesquels elle s'appuie.

» En outre, il déclare avoir tout lieu de croire que les parois de ce
» syphon présentent, dans toute leur longueur et largeur, des fissures ou
» disjonctions au moins sur trois de ses faces, qui donnent passage à
» l'eau, pesant contre elles de dehors en dedans, pour la partie submergée
» en amont du barrage, lorsque le syphon ne fonctionne pas, les vannes
» motrices étant ouvertes ou fermées; et du dedans en dehors, pour la
» partie aussi submergée en aval de ce même barrage sous la coulerie de
» la roue la plus en aval, lorsque ce syphon fonctionne, les vannes motrices
» étant fermées; »

Attendu, enfin, que cet état de choses déplorable, qui avait motivé la plainte en justice de M. Vayson, ne s'était pas amélioré d'une manière satisfaisante, à la fin de septembre 1852, pas plus qu'elles ne le sont aujourd'hui même;

Que les experts commis au cours de l'instance actuelle ont en effet reconnu: « que, non seulement aux barrages des vannes, mais aux vannes elles-
» mêmes, ainsi qu'aux parois en planches des couleries, des deux roues du
» moulin de M. Leroy, il *existait des fuites et des pertes d'eau assez nom-*
» *breuses;*

» Qu'ils avaient aussi pu constater, par l'aspect et l'apparence de certaines
» parties des parois de barrage et couleries, que des réparations d'entretien
» y avaient été faites récemment, mais qu'elles *n'avaient qu'imparfaitement*
» *complété* la mise en état de bon entretien de ces divers ouvrages;

Que le genre de construction du barrage et des roues, le mode d'application de la force de l'eau, et principalement l'état de vétusté et de mauvais entretien de ces divers ouvrages, étaient les seules causes de ces fuites;

Qu'ils ajoutent que la prise d'eau de M. Leroy est incomplète; qu'en effet, l'eau passant entre le poteau de droite de cette prise d'eau et la cloison séparative de M. Vayson, se *répand entièrement du côté de M. Leroy, à travers sa cloison séparative en très mauvais état et complètement disloquée;*

Qu'en présence de pareils documents, en ne relevant même ici que les documents judiciaires, il est établi, d'une manière irréfragable, que la plainte de M. Vayson était fondée; qu'ainsi, selon M. Donop, opérant au mois de mai 1852, en vertu d'ordonnance de référé, *les pertes et les fuites d'eau étaient assez considérables encore,* malgré les réparations qui venaient d'être faites et qui étaient évidemment incomplètes; *et que l'urgence d'une mise en état de bon entretien de tous les ouvrages de l'usine de M. Leroy ne pouvait être contestée;* que, selon le même M. Donop, opérant avec deux autres experts, en vertu du jugement rendu le 16 août, même année, l'état matériel des organes de retenue des eaux avait été loin de s'améliorer, si on en juge par la description qu'on en trouve dans le rapport, et surtout par les causes de l'état constaté : *telles que la vétusté et le mauvais entretien des ouvrages ;*

Que la mise en état immédiate de tous ces ouvrages a donc été justement réclamée par M. Vayson, puisqu'elle est prescrite par M. Donop, comme mesure urgente, par le premier rapport qu'il a fait seul, et par le deuxième auquel il a concouru avec deux autres experts ; qu'elle doit être ordonnée par le Tribunal ;

2° SUR LES CONSÉQUENCE PRÉJUDICIABLES, POUR M. VAYSON,
DES FUITES ET DES PERTES D'EAU CONSTATÉES
AUX BARRAGES DE M. LEROY.

Attendu qu'il serait vraiment superflu de chercher à démontrer le droit de M. Vayson à exiger de M. Leroy la tenue en bon état d'entretien de ses appareils de retenue des eaux ;

Que ce droit résulte de la disposition même des lieux consacrant pour chacune des parties un droit égal à la dépense des eaux, et de l'état de barrage commun auquel chacune d'elles doit contribuer ;

Que ce droit résulte encore ou plutôt a été formellement et contradictoirement consacré par la transaction de 1842, dans laquelle il a été stipulé que : « le syphon que M. Leroy a fait établir, pour remplacer sa vanne de » décharge, ainsi que la vanne de décharge de M. Vayson, pourraient être » visités deux fois par an, pour s'assurer de leur état ; *sans préjudice du » droit réservé aux deux parties de se* PLAINDRE, TOUTES LES FOIS QU'IL Y » AURAIT PERTE DE L'EAU ;

Que l'intérêt considérable qu'avaient les deux usiniers à ce que la dépense d'eau effectuée n'excédât pas la quotité attribuée également à chacun d'eux a été relevé par M. Leroy lui-même depuis le procès ; lorsque, dans son opposition administrative du 20 septembre 1852, il expliquait disertement que chaque usine avait droit à une dépense égale ;

Qu'il est évident que, par le mauvais état de son vannage, M. Leroy excède de beaucoup cette dépense ainsi déterminée ; que si, en effet, lorsque ses vannes motrices sont ouvertes, l'eau s'échappe encore par son barrage incomplet, par la vanne de son syphon faisant fonction de vanne de décharge, il dépense au préjudice de M. Vayson beaucoup plus que la quantité d'eau à laquelle il a droit ;

Mais qu'il faut bien remarquer, de suite, que cette dépense excessive, faite du côté de M. Leroy, n'a pas seulement pour effet de priver M. Vayson d'une partie des eaux qui devaient passer par sa vanne motrice, qu'elle produit encore cet effet non moins désastreux pour lui, de sur-élever le niveau des eaux en aval de son barrage ; de noyer, au point de l'empêcher de fonctionner librement, sa roue qui n'a pu être établie en prévision d'un pareil état de choses ;

Attendu, à la vérité, que, dans les conclusions de leur rapport, les experts déclarent : que la très petite quantité d'eau très peu appréciable, et *qu'il qu'il serait difficile de jauger exactement*, que dépensent les fuites constatées, ne peut causer de préjudice à M. Vayson ; les calculs faits ayant démontré que la dépense d'eau maximum, par les orifices des prises d'eau des deux usines, était inférieure au produit de l'eau que peut fournir la section moyenne du canal alimentaire de ces usines ;

Qu'il est vraiment étrange d'entendre ainsi parler les experts, après la description qu'ils ont donnée, au commencement de leur rapport, de l'état du barrage de M. Leroy, d'une perte d'eau de *très petite* quantité, *très peu appréciable*, et qu'il serait *difficile de jauger exactement* ;

Qu'il est, au surplus, sur ce point, un rapprochement à faire, qui ne manque pas de singularité, et dont on laissera à la sagacité du Tribunal à tirer la conséquence : qu'en effet, lors de deux expertises judiciaires auxquelles il a été procédé, un point important, et dont la nécessité ressortait au plus haut degré, c'était l'appréciation exacte et mathématique des fuites et pertes d'eau éprouvées par l'état de mauvais entretien du barrage de M. Leroy ;

Que, dans son rapport déposé le 28 mai 1852, M. Denop a expliqué que cette constatation exacte et rigoureuse du volume d'eau que ces pertes et fuites pouvaient produire, était trop délicate et trop minutieuse pour qu'un seul expert pût la faire convenablement et avec exactitude ; que cette déclaration, toute décisive qu'elle peut être en faveur de la réserve trop modeste de son auteur, était peu satisfaisante, il faut en convenir, pour la démonstration de la vérité que le mandat de justice l'avait chargé de constater ;

Que lorsque les trois experts commis par le jugement du Tribunal, du mois d'août suivant, ont eu de leur côté à procéder, non plus sous la responsabilité et l'expérience d'un seul, mais avec leurs connaissances spéciales réunies, sur cette question, peut-être trop simple, il ne leur a pas échappé qu'ils avaient à déterminer le volume des pertes et fuites d'eau s'échappant par le barrage, tant à cause de ses mauvaises conditions d'établissement, qu'à raison de son état de dislocation et de délabrement ; qu'aussi, au nombre des opérations auxquelles ils avaient à se livrer, ils avaient indiqué en première ligne le mesurage de la section de prise d'eau du canal alimentaire des deux usines ; « celui des deux vannes de prise » d'eau de ces usines, *en tenant compte des pertes d'eau, s'il en existait* ;

Mais que cette partie du programme de la mission des experts n'a pas été remplie cette fois, plus qu'elle ne l'avait été la première ; que les calculs annoncés n'ont pas été donnés, cette fois, plus qu'ils ne l'avaient été la première ;

Qu'il a paru plus simple aux experts de déclarer que ces pertes étaient minimes et tout à fait inappréciables, en ne se donnant même pas la peine de constater l'état matériel apparent des ouvertures, sur lequel il aurait été si facile d'établir les calculs qu'ils se déclaraient impuissants à faire ;

Qu'investis qu'ils étaient d'un mandat de justice, ils n'ont pu, malgré les réquisitions formelles de M. Vayson, malgré les vacations sans nombre dont ils disposaient en faveur de cette opération, constater, ainsi que l'avaient fait M. Adam, huissier, et M. le maire de Pont-Remy, à la date des 29 avril et 1er mai 1852, les dimensions des passages par lesquels l'eau s'échappait à travers le barrage ;

Que vainement leurs explications catégoriques étaient-elles appelées sur ce point important par des réquisitions directes ; que vainement étaient-elles provoquées par la remise de ces procès-verbaux, qu'ils devaient au moins contrôler et discuter, s'ils ne leur paraissaient pas conformes à la vérité ; que le Tribunal appréciera les causes de leur silence persévérant sur cette constatation importante et si facile ;

Qu'il trouvera sans doute dans les autres documents de la cause, dans les procès-verbaux sus-relatés, dans les constatations matérielles des experts, toutes dénuées qu'elles sont de précision, dans les efforts mêmes tentés par M. Leroy, lors de l'ordonnance de référé pour échapper à la constatation de l'état de ses vannes et barrage, des éléments suffisants de décision ;

Qu'au surplus, si, à raison des lacunes du rapport des experts, quelques doutes pouvaient rester dans l'esprit des magistrats, ce serait le cas pour eux d'ordonner une seconde expertise.

Attendu, d'ailleurs, que la raison principale émise par les experts pour déclarer l'absence de préjudice pour M. Vayson, serait moins le peu d'importance des eaux perdues, que la circonstance que : la dépense maximum produite par les vannes des deux usines serait inférieure au produit moyen de la section de leur canal alimentaire, c'est-à-dire, en d'autres termes, que les deux usines ayant plus d'eau qu'elles n'en pouvaient dépenser, il n'y avait pas à se préoccuper de la dépense inutile que M. Leroy pourrait faire, en excédant son droit ;

Que, pour éviter sans doute toute discussion sur une pareille assertion, les experts ont cru prudent de garder pour eux les calculs sur laquelle ils la faisaient reposer ;

Mais qu'elle est démentie, d'abord par cette première considération, que l'administration règle ordinairement, et toujours, la dépense des usines, sur l'importance de leur canal alimentaire ;

Qu'ensuite, dans l'espèce particulière de la cause, il résulte des documents administratifs communs aux parties, que la totalité du volume d'eau, produit par le canal alimentaire, est répartie également entre les deux usines ; que M. Leroy lui-même l'a prétendu et soutenu dans sa demande, en date du 20 septembre 1852, dans laquelle il expliquait que l'ouverture des vannes motrices ne pouvait être élargie ; et qu'il n'y avait pas dans la rivière d'excédent non débité ; que cet excédant existât-il, il devrait être également réparti entre les deux usines ;

Attendu enfin, et dans tous les cas, que l'excédant des eaux en amont du barrage, ne pourrait, ainsi que cela a déjà été expliqué, être sans grand préjudice pour l'usine de M. Vayson, transmis en aval du barrage, puisqu'il empêcherait d'autant sa roue de fonctionner ;

Qu'il y a donc un préjudice certain, démontré, dont il doit être accordé réparation.

ARTICLE 2.

DÉLIMITATIONS RESPECTIVES DES PARTIES.

§ 1er. Doit-il être procédé seulement à la reconnaissance de la ligne divisoire, en d'autres termes, cette ligne existe-t-elle toujours, ou bien faut-il, ainsi que le soutient M. Leroy, rétablir cette ligne qui n'existerait plus ?

§ 2. Quelles sont les constructions des parties qui anticipent sur cette ligne, et qui doivent, par conséquent, être reportées sur la ligne délimitative ?

§ 3. M. Leroy doit-il être tenu de faire entrer, dans les limites du titre commun des parties, le vernis et les accessoires de ce vernis par lui établi le long de son jardin ?

§ 1er. LIGNE DIVISOIRE.

Attendu que, ainsi que le Tribunal peut se le rappeler, la constatation de la ligne divisoire et son maintien, par rapport aux bâtiments et constructions établis de chaque côté de la rivière, a sur l'instance actuelle, été respectivement réclamée par les parties ; et qu'il y a même eu cette circonstance assez singulière, que c'est M. Leroy qui, sur ce point, a le premier formé sa demande en justice, bien que peu de jours avant, il eût déclaré que la ligne divisoire était déterminée par les pieux existants et qui n'avaient pas varié ;

Attendu que cette ligne avait été fixée par un rapport d'experts, en date du 28 décembre 1835, homologué par le Tribunal, et exécuté par un procès-verbal de plantation de bornes, en date du 4 juin 1836, dressé, avec plan parfaitement géométrique, en présence des parties et accepté par elles ;

Qu'il n'est pas d'opération plus facile que l'application et la reconnaissance sur le terrain de cette ligne, malgré les changements survenus du côté de la propriété de M. Leroy ; qu'avec les données certaines et invariables qui existent, les experts commis par le Tribunal auraient dû la déterminer, et la reconnaître avec une précision tout à fait mathématique ;

Mais qu'il n'en a rien été, que tout en admettant dans leur rapport qu'il n'y avait pas d'anticipation du côté de M. Vayson, et qu'au contraire, un avancement sur la rivière s'était manifesté du côté de M. Leroy par la poussée des bâtiments qui avaient glissé dans toute leur étendue et sans se disjoindre, les experts ont donné, à cet avancement, expliqué si miraculeusement, que M. Leroy lui-même, ne veut pas assumer sur lui le ridicule de l'explication, des proportions tellement éloignées de la vérité, que M. Vayson ne peut accepter ce résultat, quoique, en définitive, malgré la réserve des experts, il soit par eux constaté que la ligne divisoire n'a pas été enfreinte par lui ;

Que l'erreur des experts tient à des causes capitales qui sont, d'abord l'inexactitude des mesures par eux relevées, malgré une variation minutieuse de 5 millimètres par eux accusée entre deux opérations par eux faites sur la borne B. ; ensuite, négligence avec laquelle ils ont étudié le procès-verbal de récolement de limites, du 4 juin 1836, négligence telle, qu'ils ont perdu beaucoup de temps et pris beaucoup de soins, pour rechercher une certaine borne E qui, d'après ce procès-verbal même, n'a jamais existé ;

Que leur erreur tient surtout à ce qu'ils ont voulu considérer la pointe du becquet, comme constituant un point de délimitation ; alors que, d'après le procès-verbal de plantation et de récolement des bornes, en date du 4 juin 1836, la délimitation est seulement et suffisamment indiquée par les quatre bornes A. B. C. D.

Qu'il résulte de ce plan, que la ligne A. B., qui passe sur le becquet, est parfaitement droite ;

Qu'ils n'ont fait que jeter de la confusion dans leur opération, en faisant porter leur expérience sur la situation de ce becquet, alors que, par le fait de M. Leroy, il avait été en partie détruit en 1841, si bien que, dans la transaction du 18 juin 1842, il avait été dit que : *quoique M. Leroy eut taillé l'aile du becquet de son côté, il resterait tel qu'il était ; mais que la ligne séparative demeurerait telle qu'elle l'avait été par le rapport d'experts, en date, au commencement du 28 décembre 1835, et par le plan qui y était annexé.*

Que la ligne divisoire doit être déterminée uniquement par les bornes qui existent encore, et qui, à raison de leur forme et de leur établissement, n'ont pu être déplacées, ni varier ;

Que cette ligne est donc toujours déterminée par ces bornes.

§ II. — SUR LES ANTICIPATIONS QUI RÉSULTERAIENT ACTUELLEMENT DE L'ÉTAT DES BATIMENTS ET CONSTRUCTIONS.

Attendu qu'il est nettement et catégoriquement expliqué au procès-verbal de MM. Donop, Delignières et Leclerq, que les bâtiments et constructions de M. Vayson n'anticipent en aucune partie sur la ligne divisoire, si ce n'est dans l'appréciation erronée qu'ils font de la situation du becquet, et qui est tout entier, pour la portion de M. Vayson, en-deça de la ligne déterminée par les bornes ;

Que c'est donc, tout au moins témérairement, que, par sa demande principale, introductive d'instance, M. Leroy avait imputé à M. Vayson ces anticipations, et qu'il doit être déclaré mal fondé dans ce chef de demande ;

Attendu, au contraire, que la ligne divisoire étant établie, même d'après les indications erronées relevées par les experts, il en ressort déjà que les bâtiments de l'usine Leroy anticipent sur la rivière.

Mais que leur rapport est insuffisant ; qu'en effet, les experts avaient reçu du Tribunal la mission expresse de rechercher : « Si l'une ou l'autre » des parties avait commis des anticipations et en quoi consistaient ces » anticipations. » Qu'étant formellement articulé, dans les conclusions de M. Vayson, comme dans ses réquisitions à l'expertise, que le beffroi de l'usine Leroy, le placard par lui posé, l'axe de sa roue hydraulique et des pièces de bois dépassaient dans certaines dimensions la ligne divisoire, les experts devaient nécessairement s'occuper de ces diverses plaintes ; qu'ils n'en ont pas dit un mot dans leur rapport ; qu'ils ne les ont pas davantage figurées sur leur plan, si ce n'est toutefois le beffroi qu'ils y ont mal représenté ; qu'ils ont évité de porter sur ce plan aucune côte qui permit de reconnaître l'anticipation et d'apprécier son importance ;

Que relativement à toutes les anticipations commises par rapport à la ligne divisoire, ils ont donc manqué à leur mission ; qu'ils l'ont également méconnue, en mentionnant sur leur plan, au lieu de ces anticipations évidentes, ce qu'ils appellent : *un terrain vide entre la propriété de M. Vayson et de M. Leroy*, ce qui est, même d'après leur ligne divisoire, la propriété exclusive de M. Vayson ;

Attendu, relativement aux bâtiments, que l'anticipation constatée sera bien plus grande qu'elle n'a été reconnue, si la ligne divisoire est appréciée d'après ses véritables bases, ainsi que le demande M. Vayson ;

Que vainement les experts expliquent-ils que *ces anticipations* auraient eu lieu sans intention de nuire ; qu'ils n'étaient pas chargés par le Tribunal de rechercher quelle a été l'intention des parties, en outrepassant leur droit ;

Qu'il ne serait pas exact, au surplus, de prétendre que ces anticipations ne seraient pas préjudiciables; qu'elles sont tellement contraires à l'intérêt des parties, que M. Leroy, dans la supposition que des anticipations étaient imputables à M. Vayson, a lui-même formé une action, afin de les faire réprimer;

Qu'il est évident, au surplus, qu'en rétrécissant, comme il l'a fait, le bassin des eaux, il nuit à leur écoulement régulier de l'amont, et les accumule en aval de manière à sur-élever leur niveau;

Que ce sera donc le cas, par le Tribunal, d'ordonner le rétablissement des lieux suivant leur état contradictoirement constaté par les titres et les décisions judiciaires précédemment intervenues.

§ III. — SUR L'ÉTAT DU VERNIS DU JARDIN DE M. LEROY ET DES ACCESSOIRES DE CE VERNIS.

Considérant qu'aux termes de la transaction de 1842, les parties s'étaient formellement réservé le droit d'élargir la rivière, chacune de leur côté;

Que le but de cette réserve, facile à saisir, était de donner un écoulement plus considérable aux eaux en aval de la retenue; qu'elle était nécessairement exclusive de la faculté de rétrécir le lit de la rivière, ce qui est préjudiciable à l'état des usines;

Que M. Vayson a usé de la faculté reconnue, en élargissant d'une manière notable cette partie de la rivière, au détriment de son terrain; mais que M. Leroy, tout au contraire, a constamment anticipé sur ce lit, en faisant avancer successivement le vernis de son jardin;

Que, tout au moins, le vernis de ce jardin devait être maintenu dans les limites déterminées par le titre commun des parties, ou tel, au moins, qu'il était décrit dans le procès-verbal d'expertise du 18 avril 1836; que c'était dans ces termes qu'avait été déterminée, à cet égard, la mission des experts commis par le jugement du 16 août 1852;

Attendu que ces experts ont reconnu que ce vernis n'était plus dans les limites déterminées par le procès-verbal d'expertise du 18 avril 1836, *qu'il s'était avancé* vers la rivière, *par suite de la poussée* du terrain résultant de la disposition des terres en talus;

Que quant à la forme de ce vernis, elle avait subi de légères modifications par suite du remplacement de quelques pieux et parties de chapeaux, ainsi qu'organisation de puisoir et réservoir de pêche;

Que les experts ajoutent, à la vérité, que *ces modifications ont notamment* rectifié et redressé une partie de ce vernis qui faisait saillie sur la rivière, en aval du bâtiment, à l'époque du procès-verbal d'expertise précité;

Attendu qu'il faut signaler de suite à l'attention du Tribunal tout ce qu'il y a de choquant dans cette espèce d'atténuation donnée par les experts a l'anticipation par eux constatée; qu'elle ne peut s'expliquer que par la propension involontaire, sans doute, qu'ils éprouvaient à légitimer toutes les causes de reproches imputées à M. Leroy;

Qu'ainsi, d'une part, ils ont constaté que les bâtiments avaient marché, d'autre part, que le vernis lui-même avait anticipé, en s'avançant; que, consultant l'ancien état des lieux, ils prétendent qu'il en résulte que le vernis faisait autrefois saillie; qu'en présence de ces diverses constatations, ils ne craignent pas cependant d'émettre cette observation, que le résultat de la nouvelle anticipation du vernis a été de rendre la ligne plus régulière; comme si, pour régulariser une ligne qui fait déjà saillie, il était nécessaire et surtout légitime de la faire anticiper davantage;

Qu'au surplus, il est tout à fait dérisoire de mettre sur le compte du mouvement naturel du terrain l'anticipation d'un vernis reconstruit plusieurs fois et établi sur des pieux et des planches.

Qu'en définitive, le fait de l'anticipation est constant, que M. Vayson proteste contre l'insuffisance des proportions de cette anticipation déterminées par les experts; qu'il y aura lieu, non seulement d'en ordonner la répression, mais même de la faire préciser d'une manière plus exacte, suivant les titres communs des parties.

ARTICLE III.

Obligation réciproque, pour chacune des parties, de laisser visiter deux fois par an, savoir : M. Vayson la vanne de décharge de son usine, M. Leroy le syphon qui en tient lieu ;

Attendu que les conventions légalement formées font la loi des parties; qu'il en doit être surtout ainsi des conventions arrêtées par transaction sur procès;

Qu'en fait, par la transaction déjà invoquée, du 18 juin 1842, les parties, en stipulant que le syphon que M. Leroy avait fait établir pour remplacer sa vanne de décharge, ainsi que la vanne de décharge de M. Vayson, demeureraient tels qu'ils se trouvaient, sont aussi convenues que : « ces » *vannes et syphon pourraient être visités deux fois par an, pour s'assurer* » *de leur état;* »

Que ce n'est qu'à cette condition, et sous la foi de son exécution, que M. Vayson a consenti à abandonner la demande qu'il avait formée à l'effet de contraindre M. Leroy à détruire le syphon qu'il avait établi par substitution à sa vanne de décharge;

Que c'était là une condition *de nature à conserver pour l'avenir* les garanties auxquelles il avait droit pour la maintenue du régime des eaux, ainsi que M. Vayson l'avait expliqué dans sa demande introductive d'instance;

Attendu que M. Leroy a si bien fait que, malgré les nombreuses mises en demeure de M. Vayson, malgré les diverses décisions de justice intervenues, conférant pouvoir à des experts de vérifier les plaintes de M. Vayson, à l'occasion du mauvais état de ce syphon, jamais ce syphon n'a été visité;

Qu'ainsi, aux dates des 29 et 30 avril 1852, 30 novembre, 3 et 5 décembre 1853, M. Vayson a inutilement fait sommation, par procès-verbaux d'huissier, à M. Leroy de lui laisser exercer cette visite; qu'à la sommation du 5 décembre, M. Leroy a fait la déclaration qu'il s'opposait à la visite réclamée, laissant, a-t-il ajouté dans sa réponse signée de lui, le plaisir à M. Vayson de lui faire un procès pour ce refus;

Que cette méconnaissance flagrante des engagements contractés ne peut être tolérée; qu'il appartient à la justice d'en assurer l'exécution, en la déclarant obligatoire.

ARTICLE IV.

Obligation par M. Leroy de préserver les bâtiments et les constructions de M. Vayson de l'effet destructif des eaux lancées par les roues de son usine ou déversées par ses couleries.

Attendu qu'il s'agit, dans cet article, d'établir :

§ 1er Que le placard placé par M. Leroy, en exécution de la transaction de 1842, n'est pas convenablement établi;

§ 2. Que ce placard pouvait être attaché par une seule agrafe au mur de M. Vayson;

§ 3. Que les travaux exécutés par M. Vimeux, en vertu de l'ordonnance de référé du 7 août 1851, doivent être complétés, et que des dispositions doivent être prises pour que la dégradation des murs de M. Vayson ne continue pas;

§ 1er. — MAUVAISE DISPOSITION DU PLACARD DESTINÉ A PRÉSERVER LE MUR DE M. VAYSON.

Attendu que l'un des chefs de la demande intentée en 1841 par M. Vayson était motivé sur ce que les roues de l'usine de M. Leroy faisaient jaillir l'eau d'une manière nuisible sur le mur élevé dans la rivière par M. Vayson;

Qu'il fut transigé sur ce chef de demande par une disposition ainsi conçue : « M. Leroy mettra sur le beffroi de son usine un placard en
» bois qu'il pourra agrafer au mur de M. Vayson, afin de *préserver, autant*
» *que possible*, ce mur *des éclaboussures des roues* de M. Leroy, ce pla-
» card sera posé et entretenu aux frais de M. Leroy ;

Attendu que, pendant près de 10 années, M. Leroy, « malgré les réclamations de M. Vayson, malgré même la mise en demeure extrajudiciaire signifiée par celui-ci, est parvenu à se soustraire à l'apposition du placard, ce qui, à la vérité, le dispense de tous frais de réparation et d'entretien ;

Mais qu'au mois d'août 1851, M. Leroy ne pouvant douter qu'une partie du mur en briques de M. Vayson allait crouler par suite des ravages occasionnés par le jet de ses eaux, s'empressa de faire à celui-ci un procès, à l'effet d'être autorisé à faire à ce mur les réparations dont il aurait besoin ;

Que, par ordonnance de M. le Président, en date du 7 août 1851, M. Vimeux fut commis à l'effet de procéder à la description des biens et à l'évaluation des travaux à faire à la charge de M. Leroy ; que, par une autre ordonnance, en date du 10 septembre, M. Leroy fut autorisé à établir provisoirement le placard en bois, aussitôt après la confection des travaux ;

Attendu qu'effectivement, alors, M. Leroy plaça le placard qu'il avait fait disposer, et l'attacha au mur de M. Vayon avec huit agrafes ;

Mais que M. Vayson se plaignait immédiatement et du nombre des agrafes qui pouvaient, dans un cas donné, préjudicier à sa propriété, et surtout de l'insuffisance de ce placard ;

Attendu que les trois experts, commis par le jugement du 16 août 1852, ont déclaré que ce placard était *mal établi et mal assujetti, à raison de la fonction qu'il était appelé à remplir : celle de garantir le mur de M. Vayson des rejets d'eau et éclaboussures produits par le mouvement circulaire de la roue de M. le Leroy, la plus voisine de ce mur ;*

Qu'à la vérité, par un laconisme inacceptable dans un rapport si long, au moins par les vacations que les experts se sont allouées, il n'est rien dit pour justifier l'insuffisance et l'imperfection du placard apposé, mais que M. Leroy s'est empressé de rendre impossible toute explication complémentaire, en faisant enlever ce placard, et en prétendant le remplacer en couvrant le beffroi de ses deux roues ;

Qu'au surplus, il est hors de doute qu'il ne suffisait pas d'abriter le mur et les constructions de M. Vayson contre les dégradations occasionnées par l'effet d'une seule des deux roues ; que la transaction de 1842 parle expressément des deux roues ;

Qu'il y aura donc lieu, par le Tribunal, de déclarer, conformément au rapport des experts, que le placard placé par M. Leroy était, suivant la plainte de M. Vayson, mal établi et ne garantissait pas M. Vayson des inconvénients dont il devait le préserver ; que ce sera aussi le cas par le Tribunal, de réserver M. Vayson dans le droit de faire déterminer les conditions de forme et d'établissement de ce placard ;

§ II.— LE PLACARD APPOSÉ PAR M. VAYSON DOIT-IL ÊTRE ATTACHÉ AVEC UNE SEULE OU PLUSIEURS AGRAFES?

Attendu que cette question, ainsi d'ailleurs, que l'explique la demande introductive d'instance, ne présente d'intérêt, pour M. Vayson, que pour le cas où, pour les besoins de son usine, il croirait devoir utiliser le terrain par lui laissé entre le placard et le mur qui lui appartient ;

Qu'il est, en effet, manifeste que les agrafes multipliées par M. Leroy, pour attacher ce placard, feraient obstacle à ce qu'on utilisât ce terrain en y plaçant un organe de transmission de la force hydraulique ;

Attendu, à la vérité, que les experts ont déclaré qu'une seule agrafe ne suffirait pas à maintenir le placard, mais que c'est là une pure opinion, qu'on n'a pas pris la peine de justifier par une seule observation ;

Qu'à l'opinion des experts, M. Vayson n'a pas craint d'opposer l'offre, qu'il a faite toujours et qu'il réitère encore, de se charger, lui-même, du soin de l'établissement de ce placard, avec une seule agrafe ; que cette offre ne comporte pas d'objection sérieuse ;

Que, si donc, M. Vayson a besoin, comme il le prévoit, d'utiliser le terrain laissé par lui en dehors de son mur, il devra être admis à substituer une seule agrafe à toutes celles que M. Leroy a cru devoir sans raison y multiplier ;

Attendu qu'ainsi qu'on l'a dit, M. Leroy, depuis le rapport des experts, s'est permis d'enlever ce placard, qu'il demande acte, par ses conclusions, de cet enlèvement qui fait la matière d'une autre instance engagée entre les parties ;

Que ces faits nouveaux, dont se plaint M. Vayson, doivent demeurer en dehors du procès; qu'il ne doit pas être permis à M. Leroy de compliquer de ses nouvelles tracasseries le procès déjà trop compliqué sur lequel le Tribunal est appelé à statuer aujourd'hui.

§ III. TRAVAUX A EXÉCUTER PAR COMPLÉMENT A CEUX QUE M. VIMEUX A EFFECTUÉS, EN VERTU DE L'ORDONNANCE DE RÉFÉRÉ, DU 7 AOUT 1854 ;

Attendu que les plaintes de M. Vayson, sur ce chef, portent particulièrement sur deux points : d'abord la non reproduction, dans le mur reconstruit aux frais de M. Leroy, d'un encorbellement à l'endroit où repose l'arbre de couche de M. Vayson, et ensuite la circonscription des travaux aux dégâts commis sur partie seulement du mur en briques ;

Attendu, relativement à l'encorbellement, qu'il avait été disposé avec beaucoup de soin par M. Vayson, à l'effet de déplacer l'arbre de couche de son usine, en le soulevant toutes les fois que des besoins de réparation ou d'entretien se feraient sentir ;

Que, dans l'état actuel de la reconstruction, il ne pourrait être satisfait à ces besoins, qu'en crevant le mur, ce qui offrirait d'autant plus d'inconvénient qu'on ne pourrait y accéder du côté de M. Leroy ;

Que les experts n'ont pas cru devoir s'occuper de ce chef de conclusions, et qu'ils n'ont pas davantage fait figurer l'emplacement de cette construction sur le plan qu'ils ont dressé ;

Que le Tribunal aura à ordonner le rétablissement de l'encorbellement dans ses formes et et conditions primitives ;

Attendu, relativement à la circonscription des travaux de réparations et de reconstruction à la portion du mur en briques la plus voisine de l'une des roues de l'usine Leroy, que, par ordonnance de référé, en date du 10 septembre 1851, l'expert Vimeux a été chargé de constater l'état du mur qui fait suite à celui qui était alors en réparation, depuis le becquet jusqu'au point B, ainsi que les causes qui avaient pu l'endommager ;

Qu'il a été constaté alors, par cet expert ; « que ce mur, se renversait
» du côté de M. Leroy, que cela était dû en partie à l'établissement de la roue
» de M. Leroy, entre la pignon établi en amont à 95 centimètres de dis-
» tance de ce mur, et en aval à 80 centimètres, d'où il suivait, que les
» eaux jetées en aval devaient se diriger sur ce mur ; que la roue en
» aval appuyée contre les bâtiments de M. Leroy laissait échapper sur
» le côté un assez grand volume d'eau qui vient se jeter tout à fait au
» pied de ce mur, au point que le lit de la rivière, en cet endroit, est
» profond d'un mètre 50 centimètres, et que, du côté de M. Vayson, il
» n'est que de 50 centimètres ; .... aussi le mur est-il, en cet en-
» droit, plus endommagé que partout ailleurs ; »

« D'où je conclus, ajoute l'expert, que le renversement de ce mur, du
» côté de M. Leroy, est dû à la mauvaise direction des eaux de la roue
» de M. Leroy en amont, ainsi qu'à l'échappement, sur le côté, d'une
» partie des eaux de la roue en aval. »

Attendu que les trois experts, commis par le jugement du 16 août 1852, avaient à répondre à la question de savoir : « *si les faits cons-*
» *tatés par le rapport de M. Vimeux étaient* de nature à porter à M.
» Vayson un préjudice dont M. Leroy fût responsable ; en quoi consistait
» le préjudice, et enfin si les travaux que M. Vimeux avait été chargé

» de faire exécuter l'avaient été convenablement et d'une manière suffi-
» sante. »

Qu'ils se sont bornés à déclarer, sur ce point de leur mission, que :
« l'*état actuel* des lieux leur *faisait supposer* que les travaux de recons-
» truction ou réparations ordonnés par le Tribunal avaient été conve-
» nablement exécutés sous la direction de M. Vimeux...... Quant aux
» faits constatés et relatés dans le procès-verbal de cet expert, qu'ils ne
» sont pas de nature à porter préjudice à M. Vayson, ainsi qu'ils l'avaient
» expliqué dans leur réponse à la 4ᵉ question. »

Qu'en effet, sur cette 4ᵉ question de leur mission, les experts, à l'occasion du renversement des pieux délimitatifs, avaient expliqué que : « ce
» renversement provenait des afouillements produits au pied du batar-
» deau et de la cloison, par l'impulsion et le choc des eaux, s'échap-
» pant des couleries des deux roues de l'usine de M. Leroy. »

Attendu que de cet état de choses, ainsi constaté par les deux expertises, résulte cette double conséquence, que M. Leroy doit être condamné
à réparer les dégâts considérables occasionnés par le choc et la mauvaise
direction des eaux qui s'échappent de sa couleries, et que les couleries
doivent être mises en tel état, que le préjudice ne se continue pas ;

Que, vainement, est-il objecté, dans le rapport des trois experts, que
l'effet destructif des eaux est la conséquence du mode particulier d'emploi
de la force motrice à l'usine Leroy pour des roues dites en dessous ;
qu'il serait bien plus exact de reconnaître que l'inconvénient signalé
tient à la très grande imperfection des appareils de l'usine ;

Mais, que même en droit, la thèse des experts serait inacceptable ;
qu'en effet, d'abord, la transaction de 1842 consacre entre les parties
le principe de la responsabilité imposée à tout propriétaire d'une usine
de garantir de l'effet destructif de ses eaux les propriétés voisines ;

Que ce principe est d'ailleurs de droit commun ;

Que cela est si vrai, que la garantie que M. Vayson demande à M.
Leroy a été imposée à celui-ci par l'administration qui, sur le plan des
travaux dressé par l'ingénieur des Ponts-et-Chaussées, a fait figurer un
bajoyer de 16 mètres de long ;

Qu'ainsi donc, M. Leroy doit répondre du préjudice causé, et faire en
telle sorte, que ce préjudice ne se renouvelle plus à l'avenir.

ARTICLE V.

Manœuvre dommageable de l'usine de M. Leroy.

Attendu que, par jugement du 16 août 1852, les experts ont été chargés
de vérifier si M. Leroy manœuvrait ses vannes en dehors de l'usage
ordinaire, et d'une manière préjudiciable ;

Que ces faits de manœuvre, dûs bien plutôt à la malveillance, qu'à un défaut de soins et de précautions, étaient devenus si fréquents, qu'il était bien impossible à M. Leroy d'en contester la matérialité ;

Que, lors de l'instruction administrative à laquelle il a été procédé en 1852, M. Leroy a nettement avoué qu'il ne prenait pas la peine de lever sa vanne de décharge, lorsqu'il fermait ses vannes motrices ; qu'avec un peu plus de franchise, et sans qu'il lui en coûtât davantage, il aurait pu reconnaître que ces manœuvres irrégulières n'étaient pas tant nécessitées par la marche de son usine à lui, que par le plaisir qu'il trouvait à jeter le désordre dans l'étabilsssement de M. Vayson ; que c'était là ce qu'on appelait *les grandes et les petites manœuvres ;*

Que les grandes manœuvres étaient surtout réservées plus particulièrement pour les instants où M. Vayson se trouvait à son établissement de Pont-Remy ;

Qu'elles commençaient, même régulièrement, lors de son arrivée, et quelques instants après que, de chez M. Leroy, on avait vu passer sa voiture ; que la vérité de cette observation a été constatée au cours même du procès, par un agent de l'administration des Ponts-et-Chaussées, préposé à une mission de surveillance par son chef ;

Qu'ainsi, après plusieurs instants d'observation, le conducteur des Ponts-et-Chaussées Delgove, à la date du 10 novembre 1852, ayant vu prendre aux machines de l'usine de M. Vayson une *rapidité effrayante*, vérifia aussitôt que M. Leroy avait fermé sa vanne motrice, sans lever celle du syphon ;

Que s'étant informé, auprès des ouvriers si ces accidents se produisaient fréquemment, il lui fut répondu que cela arrivait, surtout très fréquemment quand on savait, chez M. Leroy, que M. Vayson était dans son établissement ; qu'il pourrait en juger par lui-même, si M. Vayson venait à Pont-Remy, pendant qu'il s'y trouvait ;

Que, du rapport de cet agent de l'Autorité, dressé à l'instant même, il résulte précisément que peu d'instants après cette observation, et comme pour la justifier, à *1 heure 45 minutes, M. Vayson étant arrivé, on vit, 7 ou 8 minutes après, arrêter la roue hydraulique de gauche de M. Leroy par la fermeture de la vanne motrice correspondante*, sans que la vanne de décharge du siphon eût été levée ; qu'il en était résulté une telle impulsion à la roue de M. Vayson, que, pour un moment, on aurait *cru que tout allait se briser ;*

Qu'il ne pourrait donc être sérieusement méconnu, par M. Leroy, que ces variations si subites et si fâcheuses, auxquelles il assujettit l'établissement de M. Vayson, n'aient d'autres causes qu'un indigne sentiment de malveillance ;

Qu'il ne lui serait même pas permis de prétexter de l'impossibilité de manœuvrer autrement les vannes, puisque, lui-même, au mois de mai 1837, écrivait à M. Vayson qu'il allait donner des ordres pour qu'à l'avenir sa vanne ouvrière et sa vanne de décharge ne demeurassent pas ouvertes ou fermées en même temps ;

Que c'est donc uniquement dans l'intention de nuire qu'il a commis les actes qui ont motivé, sur ce chef, l'action de M. Vayson en justice ;

Attendu, à la vérité, qu'il soutient qu'il avait le droit de faire ce qui lui est reproché ;

Que, devant M. l'ingénieur de l'arrondissement, il a même, avec tous les dehors de la plus franche simplicité, ajouté qu'il se serait cru en contravention s'il eût agi autrement, parce que la vanne de décharge ne devait suppléer à l'ouverture de ses vannes ouvrières, que dans les cas où le niveau aurait atteint le repère ; qu'on demandera alors à M. Leroy comment il s'est fait qu'il lui arrivait fréquemment aussi de paralyser presque complètement la force motrice de l'usine de M. Vayson, en tenant ouvertes à la fois ses vannes motrices et sa vanne de syphon, ce qui n'était pas assurément un moyen de faire monter les eaux jusqu'au repère ; que M. Leroy, convaincu du fait qui lui est imputé, n'a pas même le courage de sa mauvaise action ;

Qu'au surplus, à cette époque, il existait un arrêté spécial, en date du 7 août 1852, lui ordonnant formellement de tenir ouverte sa vanne de décharge, quand sa vanne motrice était fermée ;

Qu'il n'est pas vrai, au surplus, qu'il ait eu, ainsi qu'il le prétend, le droit d'agir comme il l'a fait ; qu'en effet, d'abord, il n'est jamais permis de causer préjudice à autrui, même par négligence ;

Qu'ensuite, lorsque deux usiniers sont établis sur un même barrage, chacun d'eux est tenu de maintenir le régime des eaux, sans lequel la force motrice ne pourrait être utilisée ; que c'est par suite de cette obligation, qui résulte de la nature même des choses, que l'administration, en pareil cas, exige pour chaque usine un moyen de décharge en rapport avec la vanne motrice ;

Que cela est si vrai, que, pour mettre fin aux incroyables abus que se permettait M. Leroy, l'administration a ordonné que les vannes motrices des deux usines seraient reliées, à leur vanne de décharge, de manière que la dépense de l'eau se fît toujours régulièrement ; que M. Leroy s'est soumis, en apparence, à cette injonction ; mais que, pour ne pas se priver tout d'un coup du plaisir de ses manœuvres malveillantes, il ne se fait pas faute de démonter les engrenages imparfaits qu'il a établis, et ainsi d'occasionner encore, dans l'usine voisine, les désordres que l'administration a voulu empêcher ;

Attendu que les experts commis par le jugement du 16 août 1852, malgré l'imperfection de leurs expériences, ont constaté que les faits imputés produisaient, dans la marche des métiers, une accélération ou un ralentissement considérables, au moins par les chiffres qu'ils indiquaient, et qui se trouvaient encore bien au-dessous de la réalité ;

Qu'ils ont bien cherché à atténuer les déductions inévitables de leur observation, en déclarant que c'était là : « une conséquence des besoins d'usage » journaliers de l'usine de M. Vayson, l'obligeant à avoir constamment une » sorte de régulateur vivant, c'est-à-dire un homme toujours occupé à main- » tenir, dans des conditions convenables, l'épaisseur de la lame d'eau alimen- » taire de la roue de côté, de telle sorte, que la vitesse de transmission des » eaux fut constante; » mais qu'avec un peu plus d'attention, MM. les experts auraient remarqué que si le régulateur mécanique, établi à grands frais par M. Vayson, ne fonctionnait pas, et ne répondait pas à toutes ses prévisions, c'était uniquement parce qu'il n'y avait pas de moyens mécaniques qui pussent paralyser les efforts persistants de la malveillance, efforts que ce que, dans leur expression plus pittoresque que vraie, les experts appellent un régulateur vivant, était lui-même impuissant à déjouer ;

Que vainement encore, les experts ont-ils prétendu qu'un effet à peu près semblable était produit par les manœuvres du barrage à ventelles de l'écluse de Pont-Remy ; que d'abord le fait est inexact ; puis, qu'à moins d'accidents heureusement fort rares, et qui ne se produisent même pas une fois en plusieurs années, ce vannage ne produit jamais de ces effets subits ; qu'ensuite, il y a ceci de remarquable, qu'à raison de la distance qui existe entre ce barrage et celui des usines des parties, le gonflement des eaux ne peut se produire avec la même intensité, et surtout aussi subitement que lorsque la lame d'eau, arrêtée par la fermeture d'une vanne placée sur un barrage commun, se projette sur la vanne demeurée ouverte ;

Que cette dernière observation s'applique, avec la même raison, aux effets de mouvements de vannes pratiqués par les autres usiniers de Pont-Remy, que les experts ont aussi invoqués ;

Attendu enfin que les experts, peu confiants dans les observations qui viennent d'être rappelées et discutées, déclarent que, dans le cas où le Tribunal déciderait que M. Vayson peut avoir droit à une indemnité pour les manœuvres de vannes reprochées à M. Leroy, ils se reconnaissent incompétents pour apprécier un préjudice qui, s'il existe, ne leur semble pouvoir être apprécié, convenablement et exactement, que par des manufacturiers et des ingénieurs constructeurs ;

Que M. Vayson ne saurait reprocher aux experts cette prudente abstention, non plus que le conseil qu'ils donnent d'en référer à plus habiles qu'eux ; qu'aussi croit-il devoir prendre à profit leur déclaration, si toutefois les magistrats ne sont pas, dès à présent, convaincus par eux-mêmes, et par leurs propres inspirations, de la réalité et de l'importance du préjudice qu'il a éprouvé.

Attendu enfin que si, comme l'espère M. Vayson, M. Leroy est déclaré responsable des pertes qu'il lui a fait éprouver, il demande à être admis à produire, par état, le réparation de ce préjudice.

ARTICLE VI.

Les 4000 fr. de dommages et intérêts réclamés par M. Leroy, pour les retards qu'il a éprouvés dans la reconstruction de son usine; par suite du procès actuel.

Attendu qu'il n'a pas dépendu de M. Vayson que le procès ne fût jugé plus tôt;

Qu'on ne peut lui imputer d'avoir attendu plus de quinze mois le rapport des experts;

Que jamais M. Leroy n'a eu l'intention de reconstruire son usine, que le projet qu'il met en avant n'est pas plus sérieux que celui qu'il annonçait avoir en 1842;

Que sa réclamation de ce chef est en tous points une véritable dérision;

PAR CES MOTIFS et autres à suppléer, de droit et d'équité, comme par ceux qui seront plus particulièrement déduits et développés en plaidant;

Sans s'arrêter ni avoir égard aux moyens, fins, conclusions et demandes du sieur Leroy, l'y déclarer non-recevable, en tous cas mal fondé.

Statuant sur les conclusions de M. Vayson, et ayant seulement tel égard que de raison au rapport des experts Donop, Delignières et Leclercq, lequel sera, en tant que de besoin, déclaré erroné, insuffisant et nul, dire et ordonner: 1° que le sieur Leroy sera tenu de mettre en bon état, dans la quinzaine du jugement à intervenir, le barrage de son usine et le syphon qu'il a établi au lieu et place de sa vanne de décharge; que ce syphon sera en outre rétabli dans les conditions de dimensions et de forme où il devait être d'après les plans dressés en 1841, par l'administration des Ponts-et-Chaussées, et faute, par le sieur Leroy, d'avoir, dans ledit délai, mis ouvriers en nombre suffisant pour exécuter lesdits travaux, autoriser le sieur Vayson à les faire faire et à s'en faire rembourser par exécutoire décerné contre le sieur Leroy.

Condamner, en outre de ce chef, M. Leroy envers M. Vayson, en des dommages et intérêts à donner par état, et, pour le cas où le Tribunal ne croirait pas devoir l'ordonner ainsi quant à présent, dire et ordonner que, par tel expert qu'il plaira au Tribunal commettre, il sera procédé, tant, sur les procès-verbaux d'huissier, d'agents de l'autorité, et d'experts existant sur ce fait, à l'appréciation du dommage causé à l'usine de M. Vayson par le mauvais état du vannage de M. Leroy, pour, après le procès-verbal fait et rapporté, être, par le Tribunal, statué ainsi que de droit;

2° Sur la délimitation des propriétés respectives des parties, dire et déclarer que la ligne divisoire, contradictoirement établie entre elles et constatée par procès-verbal du 4 juin 1856, demeure et demeurera fixée par les points A B C D, qui n'ont pas varié ;

En conséquence, dire et ordonner que M. Leroy sera tenu, dans la quinzaine du jugement à intervenir, de faire placer le placard qu'il doit établir pour garantir les murs et constructions de M. Vayson, et aussi une partie du beffroi de sa seconde roue, et sa seconde roue et l'axe de son arbre de couche, dans les limites de la ligne divisoire ; comme aussi qu'il devra, dans le même délai, faire rentrer ses constructions et le vernis par lui établi le de son jardin et les accessoires de ce vernis dans les limites déterminées par le titre commun des parties ;

Lesquelles limites sont fixées et déterminées par tel expert qu'il plaira au Tribunal commettre ;

3° Déclarer obligatoire, pour M. Leroy, la stipulation de la transaction de 1842, qui accorde à chacune des parties la faculté de visiter respectivement leurs usines ; dire, en conséquence, qu'après avis donné vingt-quatre heures au moins à l'avance, le sieur Vayson aura la faculté de faire visiter l'état du vannage et du syphon du sieur Leroy deux fois par an, et, au cas de refus de celui-ci, de se faire assister par la force publique, sauf au sieur Leroy à user de la même faculté ;

Et pour le préjudice causé à M. Vayson par le refus persistant de M. Leroy à exécuter cette convention, le condamner, dès à présent, en 2,000 fr. de dommages et intérêts ;

4° Sur l'obligation à la charge de M. Leroy de préserver les bâtiments et constructions de M. Vayson de l'effet destructif des eaux lancées par les roues et les couleries de son usine ;

Dire et déclarer, le placard apposé par M. Leroy, pour protéger le mur en briques de M. Vayson, et qu'il a fait indûment enlever, était insuffisant à remplir le but auquel il était destiné ; condamner M. Leroy à replacer, dans la huitaine du jugement à intervenir, un placard mieux établi et sur les dimensions convenables, déterminées par experts ; et, faute par lui de ce faire, autoriser M. Vayson à faire apposer un nouveau placard aux frais dudit sieur Leroy ;

En tous cas, dire que l'autorisation donnée par la transaction de 1842, au sieur Leroy, d'attacher au mur du sieur Vayson le placard qui devait couvrir ce mur, ne peut s'entendre en ce sens, que le sieur Leroy attacherait ce placard sur divers endroits de ce mur ; en conséquence, au cas où le sieur Vayson voudrait utiliser le terrain par lui laissé en dehors de ce mur, en y plaçant un agent de transmission de la force hydraulique ou autre, lui réserver le droit d'exiger que le placard ne soit attaché qu'en un seul point, de manière à ne pas gêner l'usage que M. Vayson voudrait faire de son terrain ; à défaut de ce faire, autoriser M. Vayson à l'attacher aux frais de M. Leroy ;

Dire que les travaux encommencés sous la direction de M. Vimeux, architecte à Abbeville, à ce commis par ordonnance de M. le Président du Tribunal, en date du 7 août 1851, seront complétés ; en conséquence, qu'il sera, dans la quinzaine du jugement à intervenir, procédé, aux frais de M. Leroy ; 1° au rétablissement de l'encorbellement destiné à recevoir l'arbre de couche de l'usine de M. Vayson, dans les formes et conditions d'appropriation dans lesquelles cet encorbellement était établi ; 2° à la remise en bon état du surplus des murs et constructions dégradés par l'effet de la direction des eaux s'échappant des roues et des couleries de M. Leroy, ainsi qu'il est constaté au rapport de l'expert Vimeux, et, faute par M. Leroy de faire lesdits travaux dans ledit délai, autoriser M. Vayson à les faire faire à ses frais, desquels il sera remboursé sur exécutoire.

Condamner M. Leroy à donner aux couleries de son usine une disposition telle, que ce préjudice ne se renouvelle pas, ou qu'au moins M. Leroy soit tenu de protéger les murs et constructions de M. Vayson contre les effets destructifs des eaux de ses roues et de ses couleries, par un bajoyer de la dimension indiquée par l'administration ;

5° Enfin, dire et ordonner que c'est volontairement et à dessein de nuire et, dans tous les cas, par contravention et sans droit, que M. Leroy, plusieurs fois par jour, notamment depuis les premiers mois de 1852 jusqu'à ce jour, a changé subitement le niveau des eaux, soit en ouvrant, soit en fermant simultanément les vannes motrices et la vanne de décharge de son usine, et a entravé ainsi la marche de l'usine de M. Vayson ;

En conséquence, condamner le sieur Leroy à réparer le préjudice par lui causé de ce chef à M. Vayson, sur l'état de dommages et intérêts qui sera produit par M. Vayson ;

Et pour le cas où, par impossible, le Tribunal hésiterait, quant à présent, à déclarer que les manœuvres de vannes, imputées à M. Leroy et par lui reconnues, sont préjudiciables, commettre à cet effet de nouveaux experts qui seront chargés de vérifier si les manœuvres dont s'agit ont été préjudiciables, et, en même temps, d'évaluer l'importance du préjudice, sur les documents existants, comme sur la preuve, tant par écrit que par témoins, que M. Vayson sera autorisé à faire, à cet effet; la preuve contraire étant réservée à M. Leroy ;

Condamner, dès à présent, M. Leroy en tous les dépens, même en ceux occasionnés par les ordonnances de référé, et même au coût des procès-verbaux et actes de mises en demeure; comme aussi aux indemnités des jours de chômage durant l'expertise, pendant lesquels les ouvriers ont dû être payés ;

Réserver à M. Vayson son action contre qui de droit, à l'effet d'obtenir la réparation du préjudice qu'il a éprouvé par le bris de ses machines, produit par les expériences des experts, et sous toutes autres réserves, comme d'augmenter, modifier et changer les présentes conclusions.

VAYSON.

Me PAPAVOINE, avoué.

www.ingramcontent.com/pod-product-compliance
Lightning Source LLC
Chambersburg PA
CBHW060611050426
42451CB00011B/2191